Sérgio Simka (Coordenação)
Cris Ladeia

Estimular a coordenação motora

NÃO É UM BICHO-DE-SETE-CABEÇAS

EDITORA CIÊNCIA MODERNA

Estimular a Coordenação Motora Não É Um Bicho-de-sete-cabeças

Editor: Paulo André P. Marques
Produção Editorial: Dilene Sandes Pessanha
Capa: Daniel Jara
Diagramação: Daniel Jara
Copidesque: Equipe Ciência Moderna

FICHA CATALOGRÁFICA

SIMKA, Sérgio (Coordenação); LADEIA, Crisley Aparecida de Oliveira.

Estimular a Coordenação Motora Não É Um Bicho-de-sete-cabeças

Rio de Janeiro: Editora Ciência Moderna Ltda., 2023.

1. Movimento e função motora (reflexo, coordenação, locomoção)
I — Título

ISBN: 978-65-5842-303-4 CDD 152.3

Editora Ciência Moderna Ltda.
R. Alice Figueiredo, 46 – Riachuelo
Rio de Janeiro, RJ – Brasil CEP: 20.950-150
Tel: (21) 2201-6662/ Fax: (21) 2201-6896
E-MAIL: LCM@LCM.COM.BR
WWW.LCM.COM.BR **09/23**

"Ao brincar, a criança assume papéis e aceita as regras próprias da brincadeira, executando, imaginariamente, tarefas para as quais ainda não está apta ou não sente como agradáveis na realidade."

Lev Vygotsky

Dedico este livro a todos os educadores que, no decorrer dos dias, acordam com a certeza de estarem contribuindo com o seu melhor, que não se limitam ao livro didático, que não rotulam seus alunos, que são capazes de transformar materiais em matéria-prima e pessoas, em seres humanos.

Sobre os Autores

SÉRGIO SIMKA

Mestre, doutor e tem pós-doutorado em Língua Portuguesa pela Pontifícia Universidade Católica de São Paulo (PUC-SP). Professor universitário desde 1999. Autor de mais de seis dezenas de livros publicados nas áreas de gramática, literatura, produção textual, literatura infantil e infantojuvenil. Idealizador e coordenador da série "Não é um bicho-de-sete-cabeças", publicada pela Editora Ciência Moderna, cujos livros são voltados a uma nova maneira de enxergar temas contemporâneos. Colunista da revista Conexão Literatura e apresentador do programa "Nóis Sabe Português", da TV Humana: https://www.tvhumana.com.br/nsp/.

CRIS LADEIA

Professora, psicopedagoga, escritora e contadora de histórias. Formada em Letras e Pedagogia, pós-graduada em Neurociências Educacional e Clínica e Psicopedagogia Institucional e Clínica. Experiência em todas as séries do Ensino Fundamental 1, Berçário, Maternal e Educação Infantil. Atualmente exerce a função de professora polivalente no 4º e 5º anos em uma rede particular de ensino em Santo André-SP. Integrante do Núcleo de Escritores do Grande ABC e apresentadora do programa "Educação em Perspectiva", da TV Humana. Ministra aulas particulares de reforço escolar e desenvolve recursos pedagógicos com materiais alternativos. Palestrante na área da educação.

Sumário

Apresentação

O livro da professora Cris Ladeia traz diversas atividades, pensadas para serem usadas em sala de aula, com o objetivo principal de contribuir para o aprendizado do aluno, de forma dinâmica, atrativa e motivadora, para que o conteúdo seja assimilado por ele de forma efetiva.

A obra abarca um ensino humanizado ao incluir o aluno nas atividades desenvolvidas, ao mesmo tempo que auxilia no fortalecimento da relação professor-aluno, já que ambos serão protagonistas no desenrolar das atividades. Essa essência, a meu ver, registra quão generosa é a autora ao compartilhar as dinâmicas que ela tem elaborado em suas aulas com um maior número de professores.

O que torna a obra ainda mais prática, atraente e criativa, é o tipo de material a ser empregado nas dinâmicas: Cris Ladeia propõe materiais de baixo custo, que podem ser feitos a partir de elementos reciclados/recicláveis.

Todas as atividades apresentadas foram testadas pela autora em sala de aula. A finalidade delas é o desenvolvimento da coordenação motora da criança.

Trata-se de um livro essencialmente prático, vale a repetição, com fotos das atividades, para que os colegas professores possam aplicá-las em suas aulas, sem medo.

Agradeço à professora Cris Ladeia a oportunidade de redigir esta singela apresentação, pois o livro fala por si.

Parabenizo a editora Ciência Moderna por poder materializar em livro as dinâmicas que Cris Ladeia tem feito em prol de uma educação comprometida com o que é mais vital: o ser humano.

E vai um *spoiler*: a autora está preparando outros materiais de cuja eficácia não tenho a menor dúvida, sempre com o intuito de ajudar os colegas de magistério nessa árdua, mas agradável, tarefa de fazer com que os olhinhos que nos veem se encham de alegria e encantamento.

Obrigada, Cris Ladeia, por ser esse ser humano maravilhoso e único!

Professora Cida Simka

Escritora, palestrante e revisora

Introdução

A ideia de escrever este livro surgiu após o término da pandemia. Os alunos chegaram às escolas sem os estímulos necessários, pois muitos não puderam frequentar a educação infantil e foram matriculados diretamente no primeiro ano. Essas crianças passaram boa parte do tempo delas nos eletrônicos enquanto os pais trabalhavam e mesmo os que frequentaram a escola remotamente, não receberam os mesmos estímulos que seriam oferecidos na escola de maneira presencial. Foi imensurável o impacto da pandemia no que se refere à educação, pois um estudo realizado pelo UNICEF, em parceria com o Cenpec Educação, em abril de 2021, deixou bem claro:

> Nos últimos anos, o Brasil vinha avançando, lentamente, no acesso de crianças e adolescentes à escola. Com a pandemia da Covid-19, no entanto, o País corre o risco de regredir duas décadas. Em novembro de 2020, mais de 5 milhões de meninas e meninos não tiveram acesso à educação no Brasil – número semelhante ao que o País tinha no início dos anos 2000. Desses, mais de 40% eram crianças de 6 a 10 anos de idade, etapa em que a escolarização estava praticamente universalizada antes da Covid-19.

Diante desse cenário, os alunos chegaram à escola sem interação social com os pares da mesma idade, carentes de estímulo motor, com dificuldades para correr em um ambiente aberto. As mãozinhas eram hábeis apenas em manusear os celulares e tablets. Dessa forma, os professores precisaram alfabetizar um aluno diferente, que não tinha brincado de pega-pega no pátio da escola, manuseado massinha com seus colegas ou feito garatujas em cartolinas. Foram deixadas de lado atividades práticas que exigiam espontaneidade e movimento e contato social. Sendo assim, sentindo essa dificuldade na pele, como professora do ensino fundamental 1, reuni minhas atividades e decidi compartilhar com outros educadores, primeiramente em palestras, mas os educadores, sempre que eu finalizava a palestra, me pediam moldes das atividades e sugestões de aplicação. Dessa forma surgiu o livro, que oportuniza levar minha prática em sala de aula para auxiliar outros professores. Além disso, houve outro aspecto motivador que me levou a compartilhar minhas ideias, como o fator resultado. Eu não ousaria propor atividades que eu mesma não tivesse aplicado e percebido o resultado no espaço escolar.

Um dos desafios consistiu em elaborar atividades pontuais, que permitissem o desenvolvimento da coordenação motora fina. Mas não se tratava apenas das atividades, e sim de atividades que tivessem baixo custo, recursos que eu pudesse criar com o material que eu tivesse disponível. A ideia era que os alunos se desenvolvessem brincando, interagindo com instrumentos simples, porém significativos. Considerando isso como base, comecei a juntar material em casa e com os amigos para a criação de recursos que oportunizassem o estímulo ao desenvolvimento da coordenação motora.

Muito se fala de alfabetização e diversas teorias e métodos milagrosos são apresentados com o intuito de fazer com que a criança se aproprie da leitura e escrita. Mas não se pode esquecer que, antes de escrever, essa criança precisa passar por diversos estímulos que possibilitem que essa aquisição da escrita seja leve e prazerosa. Antes de escrever é necessário rabiscar, pintar, desenhar e treinar a coordenação motora fina, para que a habilidade da escrita seja desenvolvida. Pode-se dizer que se trata da primeira etapa no processo de alfabetização, pois essas habilidades que a criança irá desenvolver nesse período serão importantes para que, futuramente, possa segurar o lápis para escrever. Para tanto, tornam-se necessárias atividades que envolvam o movimento das mãos. A coordenação motora fina é um elemento que deve ser levado em consideração.

Capítulo 1

O Aluno e seu Desenvolvimento Motor

É perceptível a coordenação motora de uma criança desde bem pequena. Ela reage a estímulos de diversas maneiras e é papel do professor, já nas séries iniciais, trabalhar a motricidade dessa criança. Quando a criança começa colorindo dentro de espaços delimitados, ela já está desenvolvendo sua coordenação. Conforme esse aluno vai sendo alfabetizado, essa capacidade motora também aumenta, pois ele está aprendendo a usar os músculos das mãos, dedos e pulsos. Os alunos desenvolvem essas habilidades em ritmos distintos, porém, se não forem estimulados adequadamente, podem apresentar dificuldades em segurar o lápis para escrever, manusear objetos com as pontas dos dedos, fazer uso da tesoura e outras atividades simples do cotidiano, como amarrar o cadarço dos sapatos. Essa habilidade motora faz parte do desenvolvimento da criança desde os primeiros meses e é um processo contínuo que vai agregando capacidades novas no decorrer da vida. Dessa maneira, pode-se dizer que o desenvolvimento da coordenação motora é uma característica fundamental da infância e necessita ser estimulada para que o aluno amplie as habilidades motoras. Silva (2016, p. 4) evidencia que «a limitação ou ausência de experiências poderão comprometer a aquisição e o aprimoramento de movimentos básicos.» Dessa maneira, os estímulos e atividades motoras devem ser inseridos em todas as tarefas da criança, a fim de que seu desenvolvimento seja progressivo e integral.

É necessário que o professor conheça todas as perspectivas para propiciar, em sua prática pedagógica, situações e abordagens que oportunizem o movimento do corpo de maneira autônoma, porém orientada. Sendo assim, o professor deve planejar e organizar seu trabalho levando em conta o desenvolvimento físico-motor da criança nos anos escolares iniciais. Rosa Neto *et al.* (2010) defendem que o fato de a criança explorar o ambiente por meio de atividades motoras (como o exercício físico e o jogo), ou pelo desempenho de habilidades motoras, implicará modificações no seu desenvolvimento físico, perceptivo-motor, moral e afetivo.

Muitas escolas possuem aulas de dança, música e atividades recreativas que envolvem o equilíbrio e a coordenação motora. Porém o professor necessita de um olhar diferenciado em sala de aula, para que, dessa maneira, possa desenvolver atividades que contribuam nesse sentido.

Capítulo 2

Coordenação Motora Fina e Coordenação Motora Ampla

A coordenação motora trata-se da capacidade de controlar os movimentos do corpo de forma eficiente. De um modo geral, esses movimentos são classificados em duas grandes categorias: a coordenação motora fina e ampla, também conhecida como grossa.

Na coordenação motora ampla encontram-se os movimentos mais extensos (habilidades motoras essenciais), como saltar, chutar, correr, pular, lançar etc. Para a realização dessas atividades, é preciso a ativação de músculos de maior porte.

No entanto, a coordenação motora fina implica a ativação de músculos menores, como os dos pés e mãos. O desenvolvimento da coordenação motora fina possibilita que a criança seja capaz de realizar movimentos mais delicados e precisos.

O que todo educador deve levar em conta, na hora de trabalhar os estímulos motores, é que antes de apresentar ao seu aluno uma atividade de coordenação motora fina, precisa primeiramente pensar na coordenação motora ampla. Seu corpo deve ser movimentado dentro e fora da sala de aula. O professor pode desenvolver atividades no pátio da escola ou na quadra permitindo que o aluno se movimente. As habilidades de coordenação motora ampla são imprescindíveis para que as crianças sejam capazes de desempenhar funções do dia a dia, como correr, saltar, andar e praticar esportes. Além disso, as atividades de coordenação motora ampla estão associadas à consciência corporal, equilíbrio, força e reação, e, dessa forma, também integram a base para as capacidades motoras finas. Quando a criança explora formas diferentes de movimento, adquire confiança, motivação e competência física.

Capítulo 3

Atividades para Estimular a Coordenação Motora Ampla

3.1 Amarelinha

A amarelinha é uma brincadeira popular praticada em diferentes regiões do Brasil, fácil e divertida. Existem algumas versões em E.V.A., tecido plástico. Mas ela pode ser feita no pátio da escola com tinta permanente, ou pode ser riscada com giz e depois apagada, que é o que eu costumo fazer geralmente. Você irá precisar de uma pedrinha e giz para riscar a amarelinha no chão. Feito isso, reúna as crianças para falar a respeito das regras. Quando o assunto é superar as limitações, La Taille argumenta a maneira como as crianças são ensinadas, mencionando que não se deve apenas impor limites, mas auxiliar o desenvolvimento cognitivo e emocional a fim de que possam entender as regras.

> [...] "limite" significa também aquilo que pode ou deve ser transposto. Toda fronteira, todo limite separam dois lados. O problema reside em saber se o limite é um convite para passar para o outro lado ou, pelo contrário, uma ordem para permanecer de um lado só (LA TAILLE, 1999, p. 12).

Nesse momento, o professor explica as regras da brincadeira enfatizando a importância de seguir as regras e esperar a vez de cada um. A amarelinha, mesmo sendo uma atividade tão simples, oportuniza não apenas o desenvolvimento da coordenação motora ampla, mas é possível, além do trabalho com regras, também oportunizar o ensino da matemática, de acordo com a BNCC (EI03ET07): Relacionar números às suas respectivas quantidades e identificar o antes, o depois e o entre em uma sequência. As regras deixam a brincadeira mais dinâmica. A regra: "Não pisar na linha", por exemplo, possibilita que seja trabalhado o autocontrole, pois saltar pode não ser tão difícil, mas saltar sem pisar na linha exige um pouco mais de esforço.

São inúmeros os benefícios da amarelinha, mas como o foco aqui é estímulo da coordenação motora, vamos compreender um pouco como essa brincadeira tão simples e divertida pode contribuir a esse respeito.

Brincar de amarelinha possibilita o fortalecimento dos músculos, pois ao saltar, as crianças se esforçam para desafios físicos novos, uma vez que o cérebro está memorizando essas sensações e se preparando para desafios maiores em outras esferas da vida e aprendizagem. O salto exige força e, consequentemente, resistência física. A brincadeira pede que o aluno salte com apenas um pé, o que é um movimento complexo a ser realizado. Trata-se do movimento homolateral, ou seja, apenas com o movimento de um lado do corpo, enquanto o outro não se move. Isso exige do aluno habilidades avançadas de coordenação, controle cognitivo e equilíbrio. Essa atividade permite que a criança passe a diferenciar lado esquerdo e lado direito, além de estabelecer as bases para a correspondência das funções laterais do cérebro.

A amarelinha permite que a criança desenvolva o ritmo corporal, ou seja, auxilia no desenvolvimento de diversas habilidades e capacidades que vão além do desenvolvimento motor, por exemplo, no alcance da linguagem e na produção de memórias. Essa brincadeira envolve uma série de movimentos, pois a criança precisa jogar a pedrinha, dar um salto, descer, saltar novamente, parar, depois dar um giro, curvar-se para pegar a pedra e saltar novamente. Todos esses movimentos necessitam de equilíbrio, e ainda mais, se forem realizados com apenas um pé. Esse equilíbrio é fator essencial para todos os movimentos físicos, mas também, para o desenvolvimento emocional, social e cognitivo da criança. Além disso, quando o professor risca uma amarelinha no pátio da escola, ele está delimitando os espaços e isso define as regras e é um desafio para os alunos, pois diante desse contexto, precisamos lembrar o quanto é necessário, em diversos momentos, os limites espaciais e também morais para que a criança seja capaz de desenvolver as habilidades de consciência e organização espacial.

No momento em que a criança lança a pedrinha no chão é necessário que ela se esforce para ver e coordenar isso, trabalhando dessa forma a coordenação visomotora. Dessa maneira, ela visualiza e planeja sua estratégia para movimentar braço e mão para alcançar a pedrinha. A coordenação visomotora trata-se de uma das habilidades mais necessárias para o desenvolvimento da linguagem escrita.

Estou sugerindo a amarelinha como uma das atividades que possibilitam o desenvolvimento da coordenação motora ampla, mas ela também contribui para o estímulo da coordenação fina, pois, ao segurar a pedrinha, a criança necessita de um controle delicado dos músculos da mão, além do controle motor fino, que será necessário futuramente para segurar o lápis e manusear outros objetos.

3.2 Circuito motor

Outra atividade que os alunos gostam muito e que pode ser realizada no pátio ou na quadra da escola é o circuito motor. Assim como a amarelinha, há um mercado vasto de modelos, mas como o meu propósito é trabalhar com recursos de baixo custo, prefiro a montagem de um circuito com materiais alternativos.

O circuito possibilita que o aluno desenvolva habilidades como agilidade, noção espacial, equilíbrio e coordenação motora. Quando as crianças se deparam com obstáculos preparados num circuito motor, elas são capazes de ampliar a percepção do seu corpo, testando suas habilidades e conhecendo seus limites. Para que o circuito fique atrativo e funcional, costumo prepará-lo antes de levar as crianças. Só após montado, reúno todas e explico o passo a passo.

3.2.1 Sugestões de ideias para o circuito motor

- Fazer um zigue-zague com giz de lousa ou fita crepe para que os alunos possam andar.

- Utilizar as cadeiras para confeccionar uma cama de gato entrelaçando elástico entre elas para que as crianças passem por cima e por baixo.

- Engatinhar com uma almofada sobre as costas sem que ela caia.

Também podem ser utilizados bambolês coloridos e moldes de pezinhos e mãozinhas. Ressalto novamente que o intuito é optar por materiais alternativos ou de baixo custo. Para tanto, comprei tapetes de banheiro em E.V.A., e usei no circuito. Além de muito em conta, já vieram com os moldes dos pés. Mas é possível fazer também com a própria placa de E.V.A., moldando a palmilha de um chinelo grande e recortando posteriormente.

3.3 Corrida do saco

O brincar deve fazer parte do dia a dia das crianças, e, por meio dele, a criança se desenvolve, cresce e aprende a respeitar as regras de convívio social. Esse brincar deve ser oportunizado também na escola, contribuindo para o equilíbrio e desenvolvimento integral da criança. Uma brincadeira muito divertida e simples, que pode ser feita no pátio ou gramado da escola, é a corrida do saco. Essa atividade requer habilidade e equilíbrio das crianças. Além disso, a realização dessa brincadeira permite que a criança exercite sua velocidade, esforço e resistência, estimulando, dessa forma, a coordenação motora ampla.

3.3.1 Orientações para a brincadeira da corrida do saco

1. As crianças vestem os sacos, que podem ser de batatas, fronhas de travesseiro ou até mesmo sacos de lixo. Posicionadas, elas aguardam na linha, até que seja dada a largada.

2. Para iniciar a corrida, as crianças devem segurar o saco com uma mão para que o saco não escorregue, e a outra mão deve auxiliar para manter o equilíbrio quando a criança for saltar.

3. Enquanto estão realizando a corrida, as crianças devem manter as duas pernas dentro do saco até à chegada.

4. Perde a brincadeira quem cair durante o percurso.

5. Ganha quem alcançar primeiro a linha de chegada.

Capítulo 4

Atividades para Estimular a Coordenação Motora Fina

Em se tratando da coordenação motora fina, por outro lado, está associada aos movimentos mais delicados, que exigem destreza manual e são realizados por músculos menores. Estão envolvidos os músculos menores, como os músculos das mãos, dedo, pés e outros, capazes da realização de atividades como recortar, desenhar, costurar e também escrever. Quando falamos acerca da coordenação motora fina, também devemos lembrar que, além da capacidade de apreender os objetos, também é necessário aprender como manipulá-los de maneira coordenada.

Com o uso de materiais alternativos é possível criar recursos capazes de auxiliar a prática pedagógica e contribuir para o estímulo da coordenação motora fina. Serão sugeridas algumas atividades, porém, nada impede que você crie outras. Você, conhecendo a técnica, pode transformar qualquer material em recurso pedagógico.

4.1 Recorte

Se a criança ainda não teve contato com a tesoura, primeiro deixe que ela rasgue pedaços de papel e posteriormente faça bolinhas com os papéis. A criança deve fazer uso primeiro da tesoura sem ponta. Pode iniciar recortando a massinha, que é um material mais firme que o papel, dando firmeza à mão no momento do recorte. O uso da tesoura é recomendado entre os 3 e 5 anos.

4.2 Treino do movimento de pinça

Essa atividade permite o estímulo da coordenação motora fina, que irá auxiliar a criança na realização de tarefas simples, como manusear de maneira correta o lápis e ser capaz de realizar as curvas das letras, pois no processo de alfabetização é fundamental que a criança possua o mínimo de domínio da coordenação motora fina.

Materiais

- Bolinhas de desodorante.
- Prendedor de roupa grande.

O aluno irá tentar pegar, com o prendedor, as bolinhas no recipiente.

4.3 Resgate das aranhas

Materiais

- Caixa de pizza ou qualquer caixa de papelão rasa.
- Barbante ou elástico.
- Serragem ou areia colorida.

Para confeccionar a pinça, você irá utilizar um prendedor de madeira e 2 palitos de sorvete.

Essa atividade permite que a criança treine de maneira lúdica o movimento de pinça, para que a escrita espontânea possa fluir de maneira natural, sem a repetição de atividades que, muitas vezes, causam traumas nos alunos.

4.4 Brincadeira com esponjas

A coordenação motora fina está associada ao domínio dos pequenos músculos e diz respeito à habilidade manual de pegar os objetos, sendo importante pré-requisito para a alfabetização. Para tanto, torna-se necessário o trabalho cuidadoso e gradual do professor desde a educação infantil, com atividades lúdicas que possibilitem aos alunos a capacidade de realizar movimentos cada vez mais precisos com destreza e controle das mãos. A atividade com esponjas contribui nesse processo de estimulação motora e é muito apreciada pelas crianças. Além disso, trata-se de um recurso de baixo custo e que pode ser usado diversas vezes.

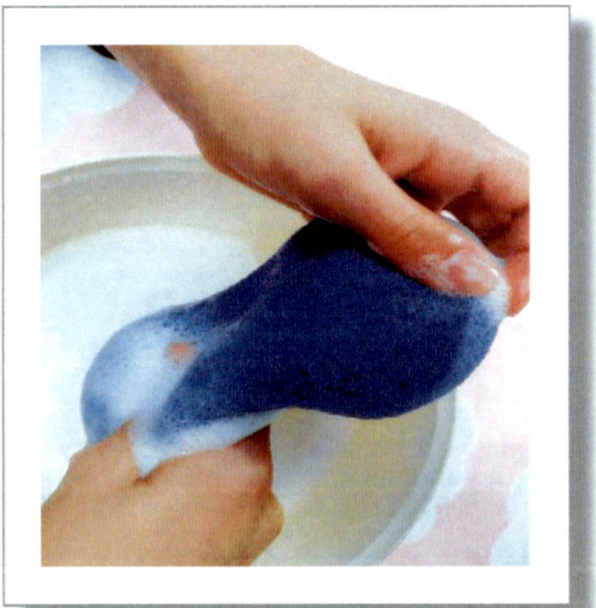

4.5 Massinha

Quando a criança brinca com a massinha, aperta, puxa, recorta, enrola etc., ela exercita os músculos menores das mãos, contribuindo de maneira significativa para o desenvolvimento da coordenação motora fina. A massinha pode ser comprada, mas também pode ser confeccionada. Sempre que ofereço a massinha aos meus alunos, procuro fazê-la em vez de comprá-la. Se forem crianças maiores, preparo os ingredientes para que elas também possam ajudar a fazer. Se forem alunos menores, dou preferência para a massinha comestível, mesmo não os incentivando a colocarem na boca, mas já prevendo que isso pode acontecer em algum momento da brincadeira, já que na sala de aula são diversas crianças.

4.5.1 Receita da Massinha

Ingredientes da massinha de modelar de farinha de trigo

- 4 xícaras (chá) de farinha de trigo.
- 1 xícara (chá) de sal.
- 1½ xícara (chá) de água.
- 1 colher (sopa) de óleo (soja, girassol ou outro óleo comestível).
- Corante comestível de cores variadas.

Modo de preparo

Para preparar a massinha de modelar caseira, basta misturar os ingredientes na ordem acima. Ou seja, por último, coloque o(s) corante(s) da cor que preferir. Viu como é fácil? Agora, mãos na massa de modelar!

Vale lembrar que é imprescindível fazer uso do corante alimentício na receita. Pode usar tinta guache na receita, porém a massinha deixa de ser comestível.

4.6 Atividade de transferência

A atividade de transferência, além de trabalhar a coordenação motora fina, a separação de grãos, também trabalha a atenção e destreza, pois os alunos devem separar e agrupar por semelhança. É uma atividade que pode ser realizada individualmente ou em grupo, de maneira cooperativa, que exige atenção e habilidade. Podem ser utilizados feijões, milho e grão de bico.

Materiais utilizados

- Três recipientes de plástico.
- Grãos (milho, feijão, grão de bico).

A criança irá fazer a transferência de um pote para outro utilizando os dedos. Com o passar do tempo a atividade vai se tornando mais fácil, visto que a criança adquiriu certa habilidade. Nesse momento, você pode inserir o grão de arroz, que é menor e aumenta o grau de dificuldade.

4.7 Varal

Trata-se de uma atividade muito divertida e de fácil realização, que, além de manter a concentração do aluno, exige esforço e treino do polegar e indicador. Esse movimento é fundamental para aquisição da habilidade de escrita. É possível apresentar essa atividade aos pequenos com uma cesta de prendedores e um varal que pode ser amarrado na própria sala de aula. As crianças podem pendurar fitas de papel crepom no varal ou retalhos de tecido, ou até mesmo roupinhas que a professora pode oferecer para que anteriormente eles pintem e recortem para depois usarem no varal.

Costumo fazer meu próprio varal com muito carinho, pois sei que o visual também conta muito, mas continuo afirmando a importância de que sejam usados materiais alternativos ou de baixo custo.

Na confecção do varal, você poderá utilizar qualquer caixa de papelão como base. Para colocar o barbante, basta fixar 2 palitos de "churrasco". As roupas podem ser feitas com feltro, retalhos de tecido ou, na falta destes, com papel colorido. Posteriormente, as roupinhas são fixadas com prendedores.

Fiz as roupinhas com retalhos de feltro nesse modelo. Ficou melhor que o tecido, pois, além de não desfiar a textura do feltro, permitiu que fosse trabalhado também o sensorial.

(molde das roupinhas no final do livro)

4.8 Alinhavo

O alinhavo, além de desenvolver a coordenação motora fina, também é uma atividade importante para a concentração. Além disso, o alinhavo estimula a coordenação olho-mão. Pode ser oferecido a partir dos 18 meses. O que difere é o grau de dificuldade, para uma criança menor o alinhavo deve ser grande. Podem ser números, formas geométricas e letras. Para uma criança maior, podem ser miçangas com elásticos para a confecção de pulseiras e colares. Costumo usar o mesmo molde de pé que utilizo no circuito para confeccionar um alinhavo grande. Transfiro o molde para um papelão, pinto com guache e contorno com canetinhas coloridas o formato de um sapato e depois, com o furador, faço os furos por onde serão inseridos os cadarços.

Para os alunos maiores, ofereço as miçangas, dando preferência para as que possuem as letras, pois assim oportunizo a leitura.

CRIS

Capítulo 5

Tarefas Simples para Realizar em Casa

A coordenação motora dos alunos é desenvolvida gradativamente, sendo correspondente à quantidade de atividades que a criança realiza. Sendo assim, é fundamental inserir, no cotidiano das crianças, atividades que auxiliem no desenvolvimento da coordenação motora. Esse desenvolvimento vai ocorrendo aos poucos e seu início se dá nos primeiros dias de vida avançando até a idade escolar. Essas habilidades vão sendo aprimoradas com o tempo. Aos poucos, a criança consegue segurar os dedos de outra pessoa, balançar um brinquedo, engatinhar, segurar um giz de cera, virar a página de um livro de histórias, colorir um desenho sem ultrapassar as bordas, usar a tesoura, digitar num teclado e escrever com letra cursiva.

Mas as atividades que estimulam e aprimoram a coordenação motora não devem ficar atreladas ao espaço escolar. As crianças devem ser estimuladas em casa constantemente. Esse amadurecimento da coordenação motora fina é essencial para a relação da criança com o ambiente ao seu redor. Ou seja, é uma forma de fazer com que as crianças sejam capazes de desenvolver autocuidado e autoconfiaça por meio de atividades simples do dia a dia.

Nos primeiros anos de vida, a criança pode fazer pintura com dedo, manipular livros de tecido e brincar com blocos de encaixar. Os pais devem incentivar as crianças a segurar o copo para beber o suco e levar os talheres à boca. Além disso, é importante o incentivo para que a criança aprenda a lavar suas mãos e segurar a escova para escovar os dentes.

A partir dos 5 anos, a criança já pode aperfeiçoar as atividades do cotidiano, como abotoar a blusa, tentar fechar um zíper e treinar amarrar o cadarço. Isso irá ajudá-la não apenas no que diz respeito à coordenação motora, mas também a sua autonomia.

Quando a criança alcançar os 6 anos de idade e iniciar a alfabetização, esse treinamento feito durante os anos anteriores será intensificado pelo uso do lápis, até surgirem as primeiras letras.

5.1 Moldes

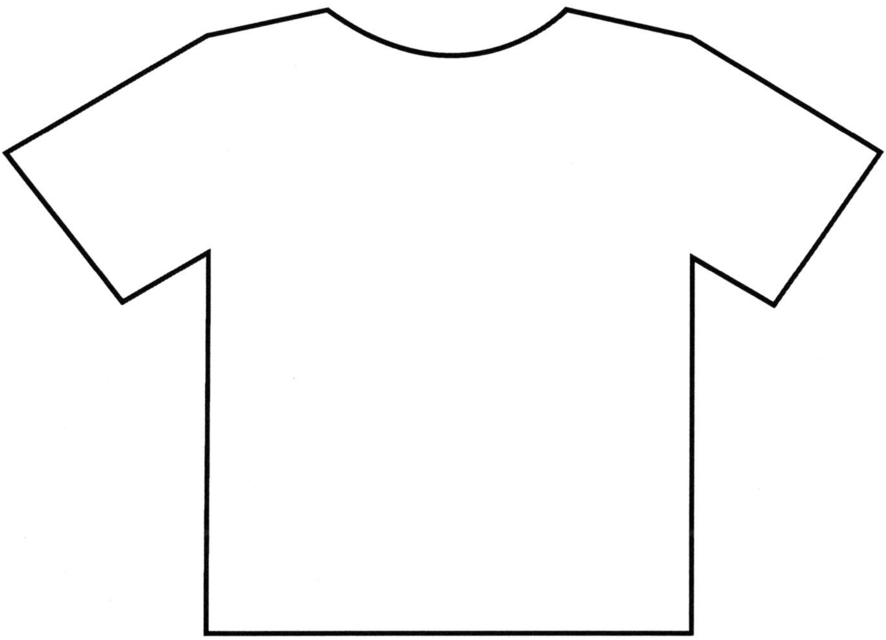

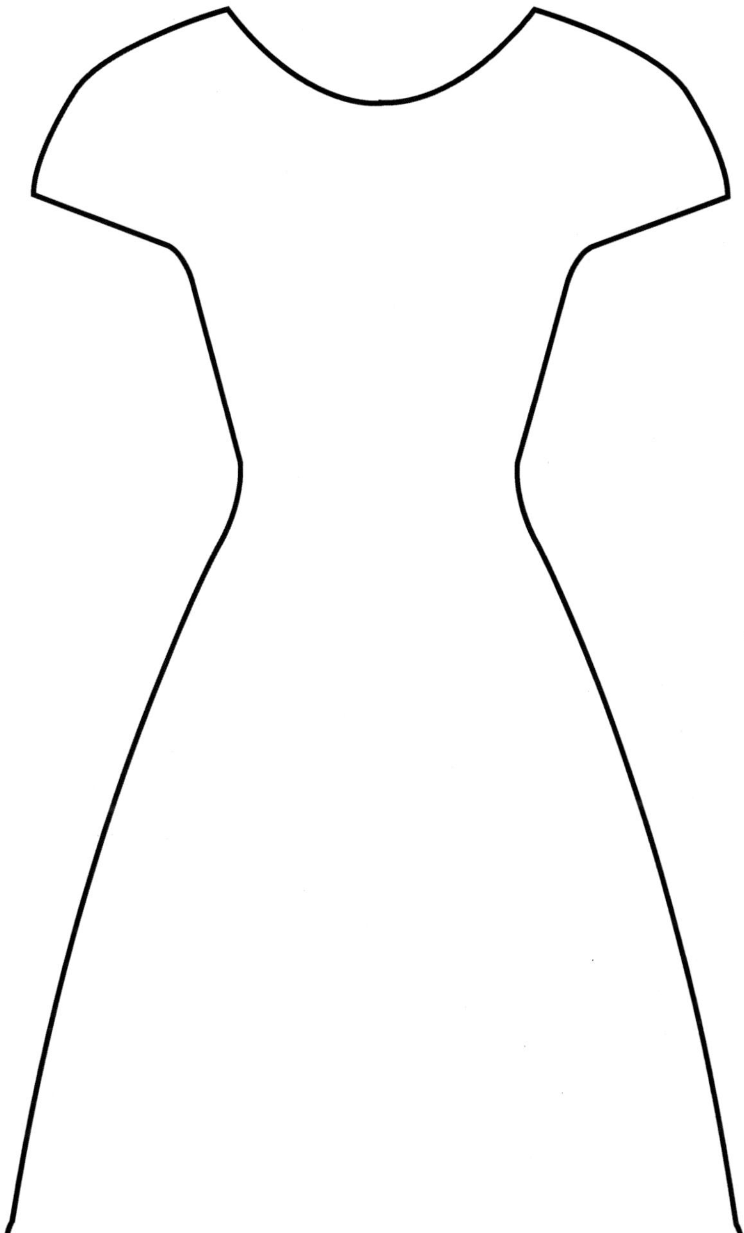

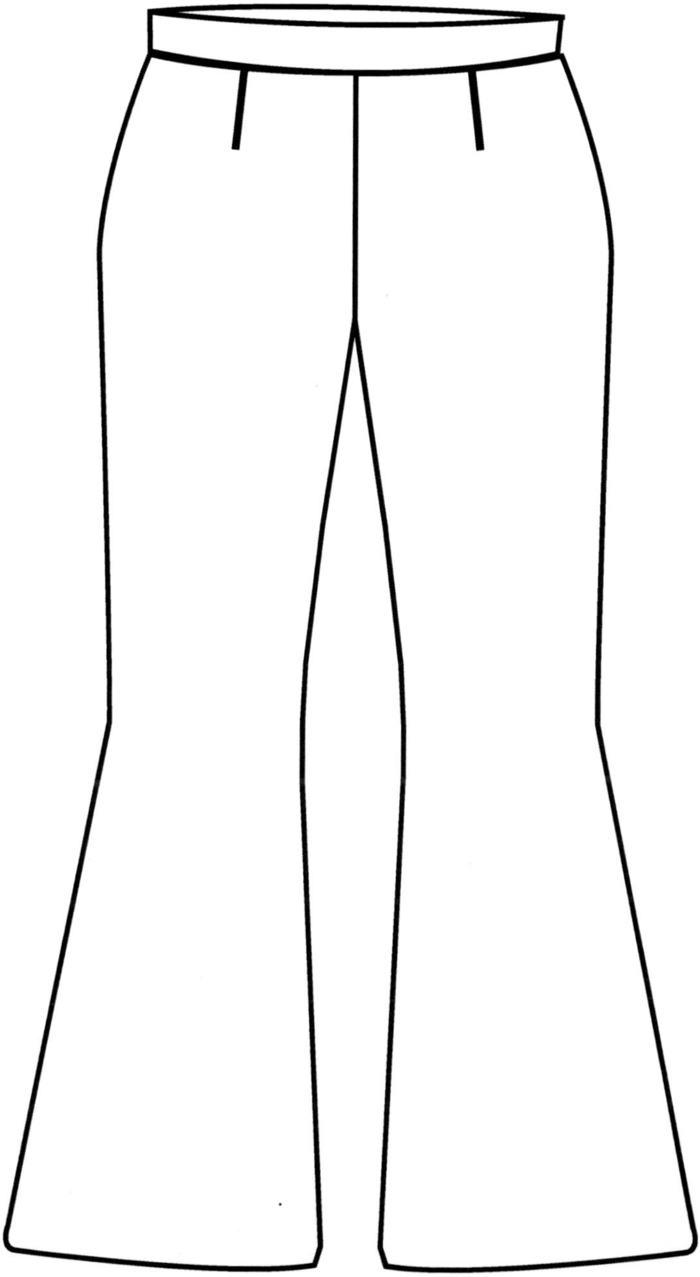

Referências

BNCC - Ministério da Educação. https://pedagogiaaopedaletra.com/jogos-brincadeiras-antigas-e-cantigas-deroda//. Acesso em: 27 jul. 2023.

LA TAILLE, Yves de. **Limites**: três dimensões educacionais. 2. ed. São Paulo: Ática, 1999.

PLANO DE AULA: Brincadeiras Antigas. Pedagogia ao Pé da Letra, 2022. Disponível em: https://pedagogiaaopedaletra.com/plano-de-aula-brincadeiras-antigas/. Acesso em: 27 jul. 2023.

ROSA NETO, F.; SANTOS, APM.; XAVIER, RFC.; AMARO, KN. A Importância da avaliação motora em escolares: análise da confiabilidade da Escala de Desenvolvimento Motor. **Rev Bras Cineantropom Desempenho Hum** 2010; 12(6): 422- 427.

SILVA, S. M. **Motricidade e Educação Infantil**. Trabalho de Conclusão de Curso (Licenciatura em Pedagogia), Universidade Federal da Fronteira Sul, Chapecó, 2016.

Sites:

http://basenacionalcomum.mec.gov.br/images/BNCC_EI_EF_110518_versaofinal_site.pdf/. Acesso em: 30 jul.2023.

https://www.conmishijos.com/ninos/ocio/juego-de-las-carreras-de-sacos-normas-para-jugar-a-los-sacos/. Acesso em: 27 jul. 2023.

https://institutoneurosaber.com.br/habilidades-motoras-grossas-como-identificar-dificuldades-na-crianca//. Acesso em: 27 jul. 2023.

https://www.rededorsaoluiz.com.br/maternidade/noticias/artigo/coordenacao-motora-grossa-e-fina-o-que-sao-e-como-ajudar-a-desenvolve-las-no-seu-bebe /. Acesso em: 27 jul. 2023.

https://soloinfantil.com/desenhos/vestidos-para-colorir/. Acesso em: 27 jul. 2023.

https://www.unicef.org/brazil/comunicados-de-imprensa/criancas-de-6-10-anos-sao-mais-afetadas-pela-exclusao-escolar-na-pandemia/. Acesso em: 26 jun. 2023.

Impressão e acabamento
Gráfica da Editora Ciência Moderna Ltda.
Tel: (21) 2201-6662